글 | 코트니 아다모, 에스더 반 드 팔

2005년 첫 아기를 낳은 두 사람은 12년간 친구로 지내 왔습니다. 새내기 엄마인 둘은 모성애와 육아에 관한 질문과 관심, 즐거움을 계기로 친해졌습니다. 각자 아이 넷과 다섯을 낳았고, 10개월의 여정을 두 번씩이나 함께했습니다. 이들의 넷째는 서로 몇 주 차이로 태어났답니다!
코트니는 최근 가족들과 함께 영국 런던에서 호주 바이런 베이로 이사했고, 에스더는 지금 암스테르담에서 남편, 그리고 아이 넷과 함께 살고 있습니다.

그림 | 리지 스튜어트

2009년 에든버러 아트 대학교를 졸업했고, 프리랜서 일러스트레이터로 일해 왔습니다. 민속 문화와 동식물, 먼 나라 도시, 그리고 수다에서 이야기의 영감을 얻곤 합니다. 런던에 살면서 골드스미스 대학교와 국립 초상화 갤러리(National Portrait Gallery)에서 학생들을 가르치고 있습니다.『정원에 호랑이가 있어』가 그녀의 첫 그림책인데, 2017년 워터스톤스 아동도서상 후보에 올랐습니다.

감수 | 피파 카일

국영의료보험 재단(Guy's & St. Thomas NHS Foundation Trust) 내 모성태아의학 전문 자문의입니다. 1996년부터 2003년까지 브리스틀 대학교 출산태아의학 센터장으로 근무했고, 2003년부터 2008년까지 뉴질랜드 오타고 대학교 산부인과 교수로 재직했습니다.

옮김 | 김선희

한국외국어대학교를 졸업하고, 뮌헨 국제청소년도서관에서 아동청소년 문학을 연구했습니다. 옮긴 책으로『구스범스 호러특급 시리즈』『누나는 벽난로에 산다』『청소기에 갇힌 파리 한 마리』『윔피키드 시리즈(개정판)』등 150여 권, 쓴 책으로『얼음공주 투란도트』『우리 음식에 담긴 12가지 역사 이야기』등 10여 권이 있습니다.

http://thinkwalden.blog.me

9 MONTHS
Text copyright © Courtney Adamo and Esther van de Paal 2017
Illustrations copyright © Lizzy Stewart 2017
First published in the UK in 2017 by Lincoln Children's Books, an imprint of the Quarto Group.
All rights reserved.
Korean translation copyright © 2018 by Sallim Publishing Co., Ltd.
Korean translation rights arranged with Quarto Publishing Plc through EYA(Eric Yang Agency).

이 책의 한국어판 저작권은 EYA(에릭양 에이전시)를 통한 Quarto Publishing Plc사와의 독점 계약으로
'(주)살림출판사'가 소유합니다.

10
엄마의 놀라운 열 달
아기는 어떻게 태어날까?

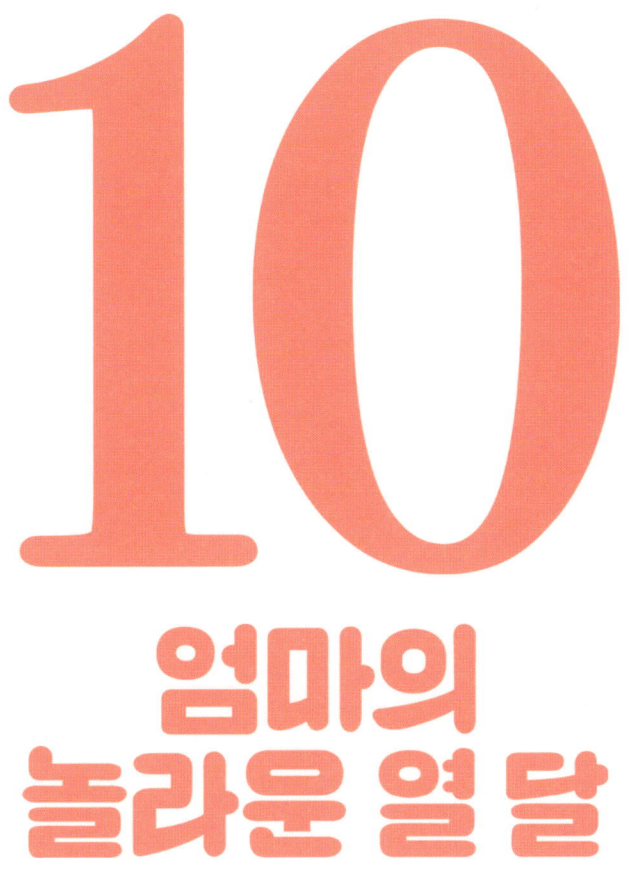

코트니 아다모·에스더 반 드 팔 글 | 리지 스튜어트 그림
김선희 옮김

살림어린이

이 책을 활용하는 방법

이 책은 작은 난자에서 시작해
마침내 아기가 태어날 때까지의 과정을 월별로 보여 줍니다.
한 달마다 조금씩 달라지는 아기의 모습과 성장 과정이
그림으로 나와 있어요. 더불어 아기의 성장에 대한 궁금증을
바로 풀어 줄 간단한 질문과 답도 함께 실었습니다.
더 궁금한 게 있다면 책 뒷부분을 펼쳐서
자세한 정보를 확인해 보세요.

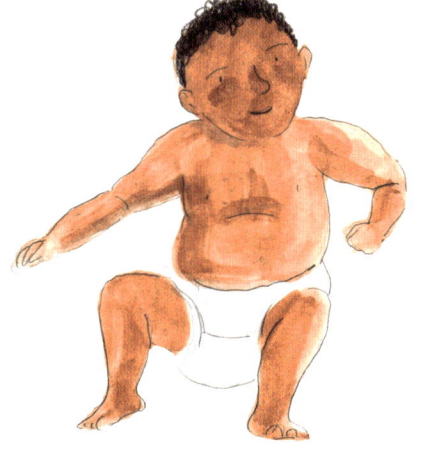

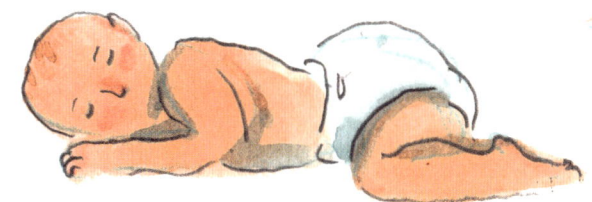

여행의 시작

우리 모두가 엄마 배 속의 작은 '난자'에서 시작되었다면 믿을 수 있겠니?
난자는 돋보기가 없다면 눈에 보이지도 않을 만큼 아주 작아.
그 자그마한 난자가 엄마 배 속에서 훨씬 더 작은 씨앗을 만나.
그 씨앗은 '정자'라고 부르는데, 정자는 아빠가 보내 주었어.
난자하고 정자가 하나로 합쳐지면 새로운 생명이 만들어져.
새로운 사람이 태어나는 거야!

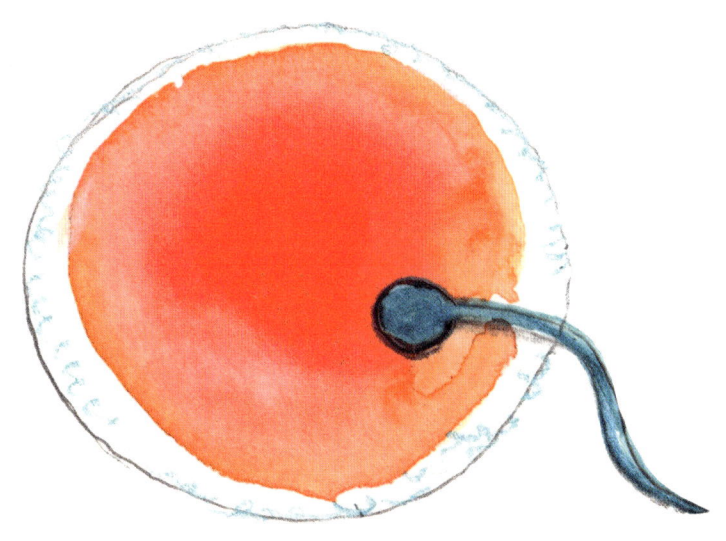

난자는 먼지보다도 작지만,
안에 모든 유전자 정보가 들어 있어서
그 누구와도 같지 않은 새로운 사람을 만들어 내.
정자와 난자가 만나는 순간
여자아이인지 남자아이인지가 정해져.
또 눈동자가 무슨 색이고 피부는 무슨 색깔인지,
머리카락은 곧게 뻗었는지 아니면 구불구불한
곱슬머리인지도 결정돼. 정말 놀랍지 않니?

이 작은 난자는 열 달 동안
5조 개 이상의 세포로 이루어진 아기로
쑥쑥 자랄 거야.

우리는 이 책에서 임신이라는
멋진 여행을 따라가려고 해.
그리고 기적 같은 새로운
생명의 탄생을 보게 될 거야.

알고 있었니?

난자 둘이 각각 정자를 만나 임신이 되는 경우가 있는데, 이때 쌍둥이가 태어나!
난자 셋이 동시에 정자를 만날 때도 있지만, 그건 아주 드물지.
난자 하나가 둘로 나뉘어서 똑같이 생긴 아기 둘이 자라기도 해.
이럴 때를 일란성 쌍둥이라고 불러!

1. 새로운 생명

자그마한 난자가 정자와 만나 하나가 되면 금세 쑥쑥 자라기 시작해.
정자와 만난 난자는 엄마 배 속에 있는 관을 지나서 자궁에 도착하는데,
이즈음 쌀알 크기 정도로 자라 있어. 앞으로 열 달 동안 자궁은
아기에게 아늑한 집이 되어 줄 거야.

1 개월

알고 있었니?

자그마한 난자에서 시작되는 건 우리뿐만이 아니야. 고양이, 개, 말, 코끼리, 벌레, 뱀……. 이런 동물들도 처음에는 아주 작은 난자 하나였어.

지금 아기는 쌀알 크기예요.

자궁이 뭐예요?

자궁은 엄마 배 속에 있는 둥그스름한 모양의 아기집이야. 보드랍고 폭신폭신해서 자라는 내내 아기를 안전하고 포근하게 감싸 줘.

이렇게 작은 난자가 어떻게 자라요?

난자는 나뉘면서 자라. 우선 난자 하나가 둘로 나뉘고, 그러고 나면 두 개가 네 개로, 네 개가 여덟 개가 되고, 여덟 개가 다시 열여섯 개가 되고……, 그렇게 계속해서 세포 분열을 해.

엄마의 기분은 어때요?

이 모든 일은 엄마 배 속에서 이루어지고, 겉으로는 하나도 보이지 않아. 놀랍지?
임신 초기 단계에는 엄마 몸속에서 많은 일이 일어나는데,
엄마도 큰 차이를 거의 알아차리지 못할 거야.

초기 단계

2개월

아기는 이제 블루베리 크기만 하고, 작은 심장도 생겼어.
심장은 양귀비 씨앗 크기 정도야. 서서히 눈과 팔, 손이 생기고,
아주 조금씩 꿈틀꿈틀 움직이지. 아직 아기보다는 올챙이에 더 가까워 보여!
심지어 작은 꼬리도 있는걸. 하지만 꼬리는 금세 사라질 거야.
아기는 자궁 안에 차 있는 액체인 양수 속을 둥둥 떠다니는데,
양수는 아기가 자라는 동안 안전하고 따뜻하게 해 줘.

알고 있었니?

캥거루와 코알라처럼
'아기 주머니'가 있는 포유동물의 새끼는
4주에서 5주 만에 세상에 태어나.
막 태어난 새끼는 엄마 몸에 달린 아기
주머니로 기어들어 가서 엄마 젖을 먹지.
혼자 힘으로 걸을 수 있을 때까지
아기 주머니에서 여러 달 동안 자란
다음에 밖으로 나와.

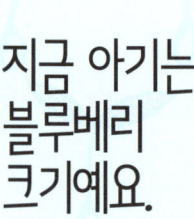

지금 아기는
블루베리
크기예요.

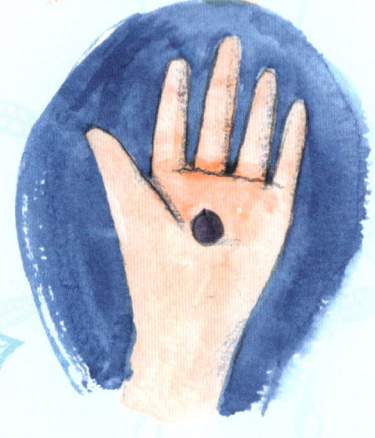

아기한테 왜 꼬리가 있어요?

2개월쯤이면 아기에게 꼬리가 보이는데,
꼬리가 있는 정확한 이유는 아직 밝혀지지
않았어. 시간이 지나면서 꼬리는 사라지고
너희처럼 두 다리가 생기지.

이제 아기가 밥을 먹고 숨 쉴 수 있어요?

아직 아기는 입으로 뭘 먹거나 숨을 쉴 수는 없어.
그래서 필요한 음식과 산소를 엄마한테서 받아.
엄마하고 아기를 이어 주는 탯줄을 통해서 들어가지.

엄마의 기분은 어때요?

몸에 변화가 생긴 엄마는 쉽게 피곤함을 느끼고 소화가 잘 안 될지도 몰라.
어쩌면 엄마 입맛에 맞지 않는 음식이 있을지도 모르고. 그래서 헛구역질을 할 수도 있어.

커다란 머리

아기는 정말 빨리 자라! 이제 레몬 크기만 하고, 제법 사람처럼 보여. 그런데 머리가 아주 커. 전체 몸길이 가운데 3분의 1 정도야. 얼굴에 눈하고 귀가 생기고, 입을 오물오물거리고, 하품도 하고, 심지어 딸꾹질도 할 수 있어! 팔다리도 흔들 수 있지. 그래도 여전히 몹시 작아서 엄마는 아기가 움직이는 것을 느끼지 못해.

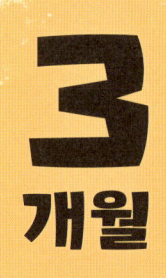

3 개월

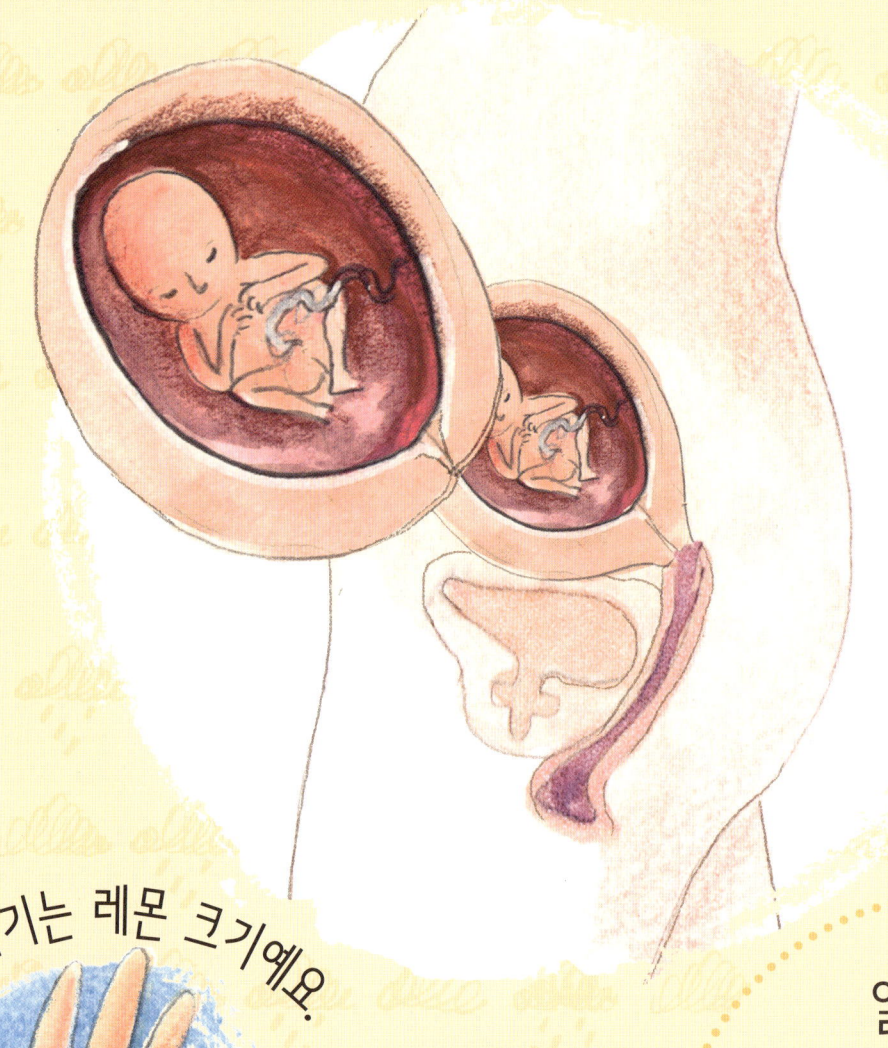

지금 아기는 레몬 크기예요.

알고 있었니?

동물마다 태어나기까지 엄마 배 속에서 자라는 시간이 달라. 코끼리는 엄마 배 속에 거의 2년 동안 있어. 캐나다에 사는 다람쥐는 엄마 배 속에서 딱 한 달 동안 있다가 세상 밖으로 나오지.

아기가 벌써 볼 수 있어요?

아기 얼굴에 눈이 생기기는 했지만, 아직 볼 수는 없어. 눈꺼풀이 닫혀 있기 때문이지. 몇 달은 더 지나야 눈을 뜰 수 있어.

아기는 왜 머리가 커요?

아기의 뇌는 다른 곳보다 더 빨리 자라. 그래서 뇌가 들어 있는 머리가 빨리 자라는 거야! 하지만 아기의 몸도 계속 자라기 때문에 시간이 지날수록 태어날 때의 모습과 아주 비슷하게 보이게 될 거야.

엄마의 기분은 어때요?

의사 선생님이나 출산을 돕는 조산사 선생님이 정기적으로
엄마의 건강을 확인하고, 아기의 심장 박동 소리를
귀 기울여 들으며 아기가 건강하게 자라고 있나 확인도 해.
초음파 검사기라는 특수한 기계로 엄마 배 속을
들여다보면서 화면으로 아기의 모습을 보여 주는데
이때 엄마, 아빠는 화면으로 아기를 처음 보게 되지.
정말 감격적인 순간이야! 이제 엄마, 아빠는
아기 소식을 주위 사람들에게
알리기 시작할 거야.

아기가 돌아다녀요

아기는 이제 아보카도 크기만큼 자랐어. 아주 활동적이고 자궁 안을 엄청 돌아다니지. 이제 팔다리와 관절을 전부 움직일 수 있고, 탯줄을 가지고 놀기도 해. 아기는 점점 더 사람처럼 보여. 고개를 돌릴 수도 있고, 얼굴을 찡그리기도 하고, 웃기도 하고, 엄지손가락을 빨기도 해!

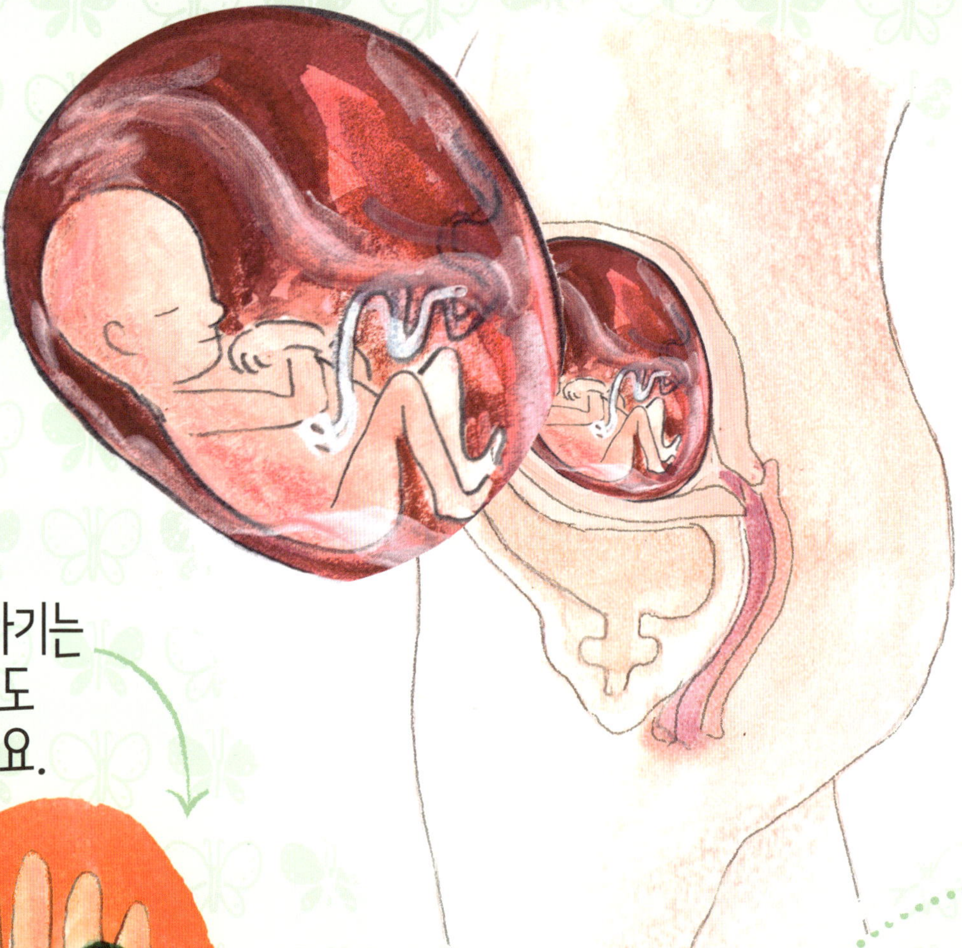

4개월

지금 아기는 아보카도 크기예요.

알고 있었니?

포유동물 가운데 인간 여성만 항상 가슴을 달고 살아. 다른 동물들은 젖을 먹일 때만 가슴이 발달하고, 새끼가 다 자라면 확 줄어들어 사라지다시피 해.

아기는 왜 엄지손가락을 빨아요?

아기는 엄지손가락을 빨면서 삼키고 빠는 동작을 연습해. 그래서 태어나고 처음으로 음식을 먹을 때, 입으로 정확히 음식을 갖다 댈 수 있는 거야.

아기는 자궁 밖에서 나는 소리를 들을 수 있어요?

그럼! 4개월 끝 무렵이면 아기는 엄마의 심장 박동 소리와 목소리를 들을 수 있어. 심지어 엄마 배 밖에서 나는 소리를 듣기도 해.

엄마의 기분은 어때요?

엄마 배는 이제 눈에 띄게 나오기 시작할 거야.
평상시에 입던 옷은 더 이상 맞지 않을지도 몰라.
엄마의 몸은 출산을 준비하려고 뼈 사이의 조직을
느슨하게 해 주는 호르몬을 만들어.
그래서 엄마는 이따금 등과 무릎이 아프기도 해.

여자아이일까, 남자아이일까?

이즈음이 되면 아기는 가지 크기 정도로 컸어. 이제 자궁 안에서 기분 좋게 발길질할 거야. 아기의 온몸은 솜털이랑 '태지'라는 끈적끈적한 하얀 물질에 덮여 있어. 촉각이 발달해서 손에 잡히는 건 뭐든 만지려고 해. 자기 얼굴을 만지기도 하지. 이제 밝고 어두운 것의 차이를 구별할 수 있어. 여전히 눈은 꼭 감고 있지만 말이야. 5개월이 되면 의사 선생님은 아기가 여자아이인지 남자아이인지 구별할 수 있어!

5개월

알고 있었니?

코끼리도 엄마 배 속에 있을 때에는 온몸이 솜털로 두툼하게 덮여 있어. 하지만 태어나기 전에 대부분 없어지지. 그래도 새끼 코끼리의 머리하고 등에는 솜털이 있던 흔적이 남아 있기도 해.

지금 아기는 가지 크기예요.

아기의 솜털도 없어져요?

물론이지! 솜털은 몇 달 안에 없어져. 아기가 자궁 안에 있는 동안 솜털과 끈적끈적하고 하얀 물질인 태지는 피부가 건조해지는 걸 막아 줘.

엄마와 아빠는 아기가 딸인지 아들인지 알고 있어요?

어떤 부모님은 의사 선생님한테 초음파 검사기로 배 속을 살펴보고 알려 달라고 해. 어떤 부모님은 기다렸다가 아기가 태어나는 순간에 알고 싶어 하기도 하지.

엄마의 기분은 어때요?

엄마는 이제 아기가 배 속에서 이리저리 움직이는 걸 느껴!
처음에는 꼬물꼬물하는 느낌이 들거나, 탄산음료를 마실 때
입 속에서 톡톡 터지는 거품 같은 느낌이 들기도 하지.
하지만 머지않아 발로 쿵쿵 차는 걸 알아차릴 거야.
배 밖에서도 알아차릴 수 있을지 몰라.
발로 찬다고 해서 엄마가 아픈 건 아니야. 오히려 정말 근사한 느낌이지!

무럭무럭 자랄 시간

아기는 자그마한 파인애플 크기 정도로 자랐어. 그래도 자궁 안에는 아기가 움직일 수 있을 만큼의 공간이 있어. 이제 눈썹하고 눈꺼풀도 생겨서 곧 눈을 떴다가 감을 수 있을 거야. 점점 태어날 때의 모습과 비슷해 보여! 아기는 앞으로 무럭무럭 자라기만 하면 돼.

6개월

지금 아기는 파인애플 크기예요.

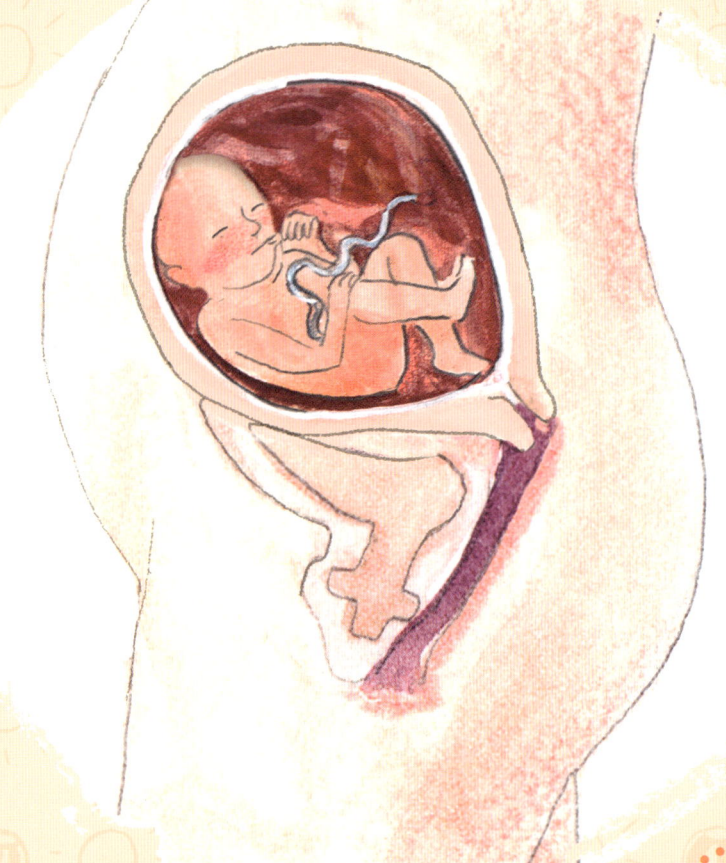

알고 있었니?

고양이하고 강아지는 눈을 꼭 감고 태어나서 거의 열흘 동안 뜨지 않아. 하지만 사람은 태어나자마자 눈을 떠!

아기가 벌써 숨을 쉴 수 있어요?

아기는 아직도 자궁 안에 차 있는 액체인 양수 안에 있어. 아직 공기를 들이쉬시지는 못하지만 자그마한 허파로 양수 안에서 숨 쉬는 훈련을 하고 있어. 태어나는 순간부터 공기를 들이쉴 준비를 하고 있는 거야.

아기는 또 뭘 해요?

아기는 엄마 배 속에서 콜록콜록 기침도 하고 딸꾹질도 해. 어떨 때는 아기의 딸꾹질을 엄마가 느끼기도 해. 딸꾹질도 나중에 아기가 숨을 잘 쉴 수 있도록 도움이 되는 연습이야!

엄마의 기분은 어때요?

아기가 무럭무럭 자라면서 엄마의 몸무게는 점점 늘어나.
엄마 배는 눈에 띄게 불룩 튀어나왔고, 자궁은 축구공 크기 정도야.
가슴도 더 커지고, 이제 아기가 먹을 젖을 만드는 젖샘이 발달하기 시작해.

아기가 발로 차는 걸 느껴요!

아기는 이제 소리를 들을 수도, 냄새를 맡을 수도, 만질 수도, 볼 수도 있지. 엄마가 먹는 다양한 음식 맛을 느낄 수도 있어. 아기의 눈동자 색도 짙어져. 눈동자 색은 인종에 따라 태어나고 자라면서 살짝 달라지기도 해. 아기는 이제 땅콩호박 크기만큼 자랐고, 주먹으로 제법 세게 툭툭 치거나 발로 찰 수도 있지! 태어난 뒤에 몸을 따뜻하게 해 줄 지방층도 생기고 있어.

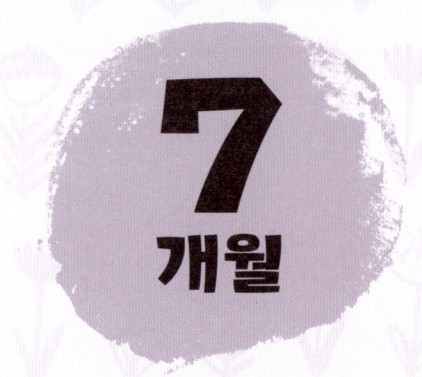

7개월

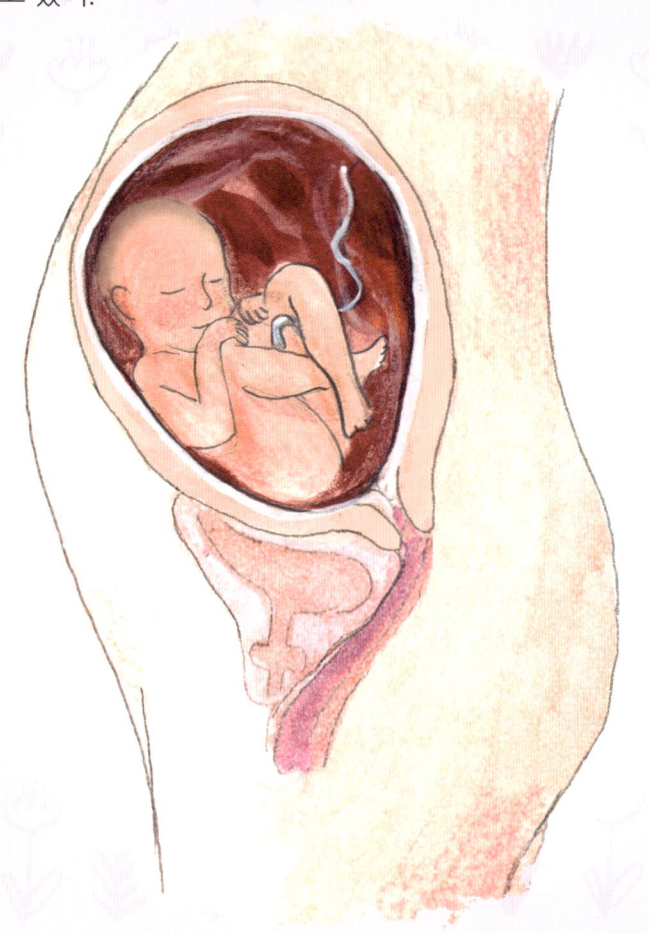

알고 있었니?

흰긴수염고래는 지구에서 가장 커다란 동물이고, 또 가장 큰 새끼를 낳아. 새끼 흰긴수염고래의 몸무게는 사람 아기의 1,000배나 돼. 길이도 7미터가 넘지. 새끼 흰긴수염고래는 한 살이 될 때까지 몸무게가 하루에 90킬로그램씩 늘어.

지금 아기는 땅콩호박 크기예요.

아기한테 자궁이 좁지 않나요?

아기가 자라면서 자궁 안 공간이 점점 좁아지고 있지만, 아기는 여전히 자궁 안에서 움직일 수 있어.

어떤 인종은 왜 태어나고 자라면서 눈동자 색깔이 달라져요?

눈동자가 짙은 갈색인 아시아인과 달리, 유럽인은 태어날 때 파란색 눈동자였지만 자라면서 점점 색이 짙어지거나 갈색으로 바뀌기도 해. 이건 눈동자 속에 있는 멜라닌이라는 검은 색소 때문이야. 태어날 때는 없지만 점점 자라면서 생기거든.

엄마의 기분은 어때요?

엄마가 가만히 앉아 있거나 누워 있을 때, 아기는 잠에서 깨거나 더 활발히 움직여.
이제 충분히 자란 아기가 움직일 때마다 엄마 배는 들썩이고 꿀렁이지.
엄마가 움직이거나 산책할 때 아기는 잠 들어.

잠도 자고 꿈도 꾸고

아기는 쑥쑥 커서 자궁에 꽉 찰 정도야. 벌써 멜론 크기만 하지. 너무 커서 몸을 쭉 펴지도 못하고, 다리를 구부려 가슴 가까이에 꼭 당기고 있어야 해. 태어날 때까지 이 자세를 유지하지. 아기는 온종일 잠을 자는데, 자다가 꿈을 꾸기도 해! 이제 아기의 몸무게가 꽤 빠르게 늘어. 한때 앙상하던 팔다리가 보드랍고 포동포동해져.

8 개월

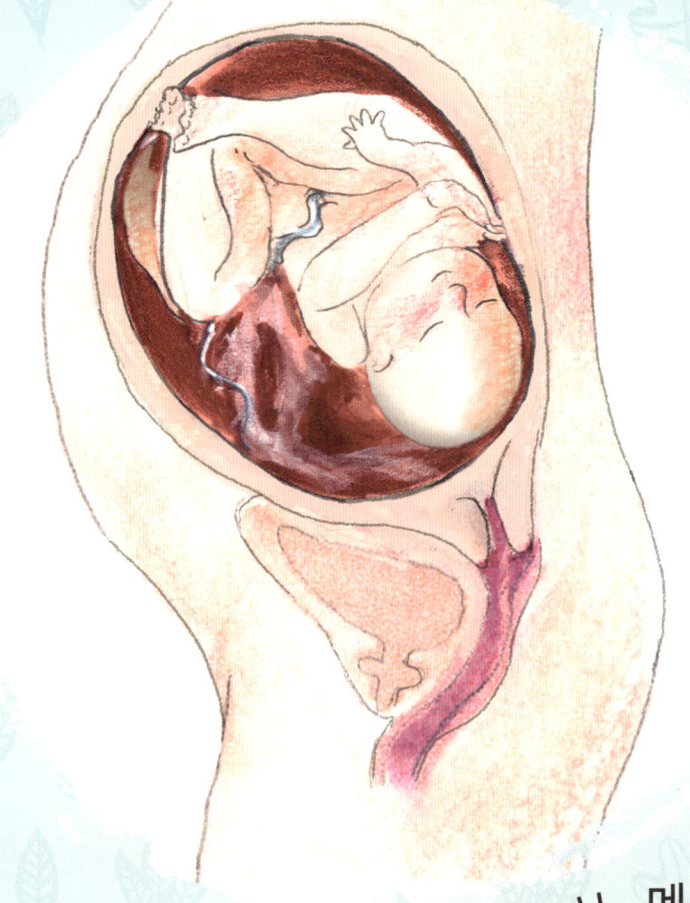

알고 있었니?

돌고래는 거의 1년 동안 새끼를 품고 있어. 마지막 달이 되면 몸이 무척 무거워진 엄마 돌고래는 임신하지 않은 돌고래보다 더 느리게 헤엄쳐.

지금 아기는 멜론 크기예요.

아기는 머리카락이 있어요?

지금쯤이면 어떤 아기는 머리카락이 제법 많이 났어. 하지만 어떤 아기는 아주 조금 나기도 해. 몸 전체에 나 있던 솜털은 거의 없어졌어.

아기는 왜 머리를 아래에 두어요?

대부분의 아기는 머리를 아래에 두고 있어. 그게 태어날 때 가장 좋은 자세거든. 그렇지만 어떤 아기들은 여전히 머리를 위로, 발을 아래에 두고 있지. 이럴 때 '아기가 거꾸로 있다'고 말해.

엄마의 기분은 어때요?

이제 엄마 배가 너무 커져서 몸을 구부려
스스로 발을 잡는 게 무척 어려울 거야!
무거운 물건을 옮기는 게 무척 힘들고,
움직일 때는 쉽게 숨이 찰 거야.
엄마는 출산을 준비하려고
다른 임산부들이랑 예비 엄마 교실에도 다녀.
거기에서 아기를 낳을 때의 호흡법과
다양한 분만 자세를 배우지.

이제는 언제라도……

이쯤 되면 아기는 거의 다 자라서 언제든 세상 밖으로 나갈 준비가 됐어!
아홉 달 전에는 그저 자그마한 난자 하나였는데, 이제는 아기로 자란 거야.
아기는 수박 크기만 하고, 머리부터 발까지의 길이는 거의 51센티미터야.
의사 선생님이 출산 예정일을 알려 줄 테지만,
아기가 확실히 언제 나올지는 아무도 몰라.

9개월

알고 있었니?

새들은 사람처럼 엄마 배 속에서
새끼를 키우지 않아. 조심조심 지은 둥지에
알을 낳고 새끼가 알을 까고 나올 때까지
엄마가 따뜻하게 품어 줘.
둥지 크기는 새마다 다 달라.
미국 벌새의 둥지는 콩알 하나
크기만 한데, 독수리 둥지는
욕조보다도 커!

지금
아기는 수박
크기예요.
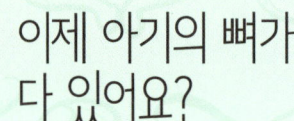
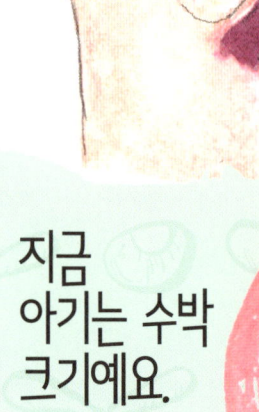

아기는 언제 밖으로 나와요?

아기의 5퍼센트만 정확한 예정일에
태어나. 어떤 아기들은 예정일보다
2주 정도 늦게 나오기도 해! 건강한
아기는 보통 엄마 배 속에서 37주에서
42주 정도 머물러. 이때가 되면
엄마가 '만삭'이 되었다고 해.

이제 아기의 뼈가 다 있어요?

아기 몸의 뼈는 대부분
만들어졌어. 하지만 머리뼈는
아직 하나로 붙지 않고 여러
조각으로 나뉘어 있어.
그래서 아기가 태어날 때
머리뼈가 살짝 움직이거나
달라질 수 있어.

막 태어난 아기는 가족을 알아보나요?

지금쯤이면 배 속의 아기는 엄마
목소리와 친근한 사람들의 목소리를
알아들어. 그래서 막 태어났을 때
익숙한 목소리를 들으면 아기가
그쪽으로 고개를 돌릴 거야!

엄마의 기분은 어때요?

엄마 새가 알을 낳기 전에 둥지를 준비하는 것처럼,
엄마도 출산 준비를 시작할 거야.
우선 부드럽고 깨끗한 이불과 편안한 아기 침대를 준비하지.
앞으로 아기가 쓸 기저귀랑 앙증맞은 옷도 살 거야.
전부 다 준비되었는지 확인하고 나서 엄마는 아기를 기다릴 거야!

출산

10개월

아기가 태어날 준비가 되면, 엄마에게 신호를 보내. 엄마는 짧은 간격을 두고 주기적으로 반복되는 배의 통증인 '진통'을 느껴. 이제 엄마는 아기를 낳으려고 병원에 갈 거야. 병원 대신 집에서 낳기도 해. 어느 쪽을 선택하든, 아기가 잘 태어나도록 도와주는 의사 선생님이나 조산사 선생님이 필요하지. 아기는 엄마 배 속에서 나오기 위해 자궁에서 밀려 나가 '산도'라는 좁은 통로를 지나가. 이 길은 아기가 지나갈 수 있을 만큼 부드럽고 잘 늘어나지.

마침내 질에서 아기의 머리가 나왔어. 곧이어 몸의 나머지 부분이 나와. 아기가 태어났어! 아기는 이제 처음으로 공기를 들이쉬고 울음을 터뜨릴 거야! 옆에서 의사 선생님이나 조산사 선생님이 아기를 확인하고 나서 몸무게를 재고 보살펴 줄 거야.

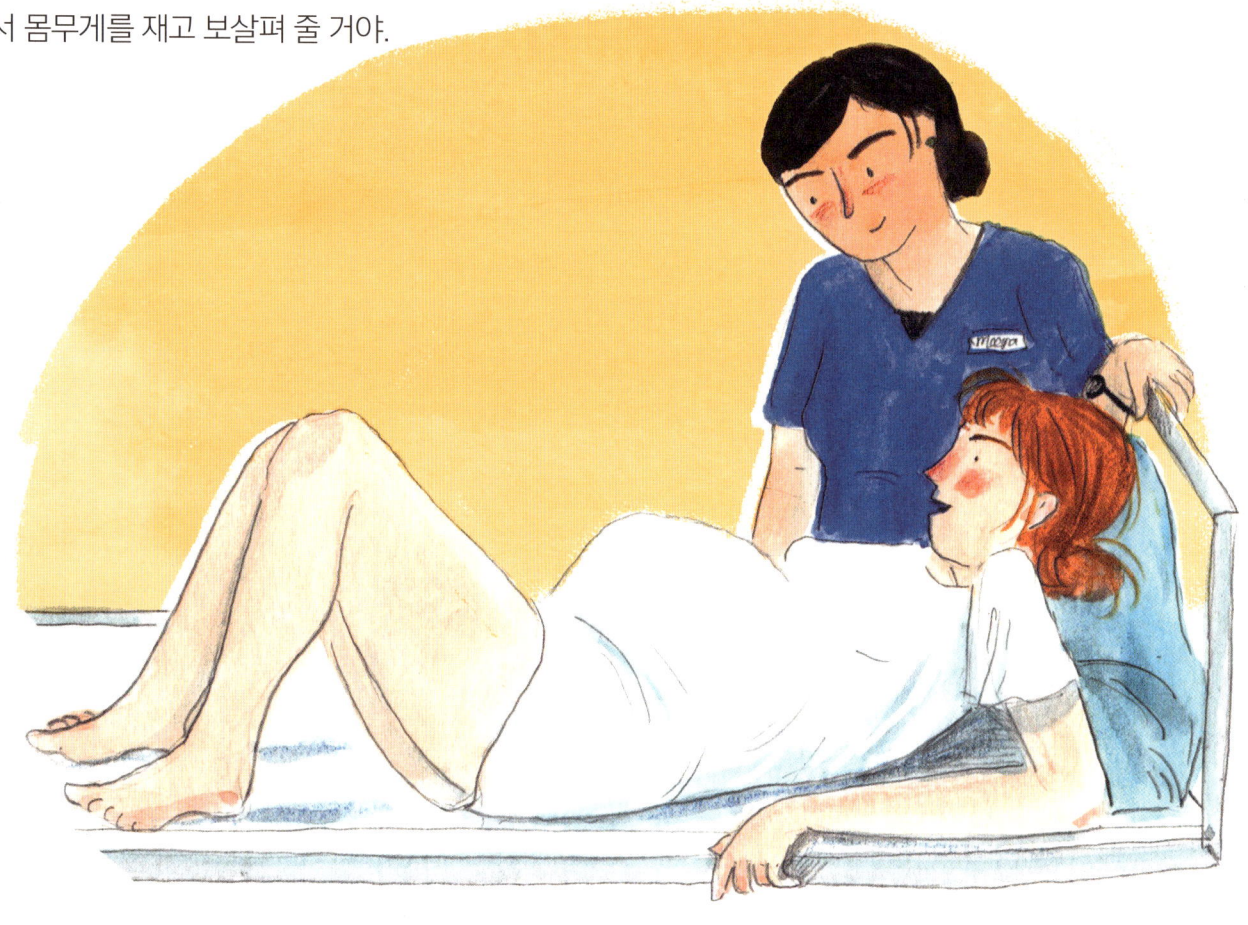

아기는 모두 이렇게 태어나요?

이따금 의사 선생님이 수술로 아기를 낳는 게 더 낫다는 결정을 내리기도 해. 그러면 엄마는 아기가 태어날 때쯤 병원에 가서 수술을 해. 의사 선생님이 엄마 배를 갈라 아기를 꺼내고 숨을 잘 쉬는지 확인하지. 그러고 나서 엄마 배에 난 상처를 아주 조심스럽게 꿰매.

탯줄은 어떻게 돼요?

자궁에 있는 동안 영양분과 산소를 전해 주던 탯줄은 아직도 아기 배에 붙어 있어. 하지만 아기는 혼자서 숨을 쉬고 입으로 젖을 빨 준비가 되어 있지. 그래서 의사 선생님이나 간호사, 아버지, 또는 다른 특별한 사람이 탯줄을 자를 거야. 엄마와 아기, 둘 다 하나도 아프지 않아!

세상에 온 걸 환영해!

아기가 태어나는 건 삶에서 제일 멋진 순간이야! 엄마는 아기를 낳느라 몹시 지쳤지만 아기를 처음 보는 순간 무척 행복해 하지. 아기를 품에 안고 앙증맞은 손가락과 발가락부터 섬세한 귀와 얼굴까지, 구석구석 꼼꼼히 살펴볼 거야.

아기는 보통 태어나고 한두 시간 동안 초롱초롱 깨어 있어. 이따금 본능적으로 엄마 젖이나 젖병을 물고 젖 먹는 연습을 하기도 해.

태어나고 몇 시간이 지나면, 아기는 다시 졸음이 쏟아질 테고 앞으로 며칠 동안 잠을 꽤 많이 잘 거야. 엄마가 병원에서 아기를 낳았다면, 집으로 돌아갈 만큼 충분히 회복될 때까지 둘 다 병원에 머물러 있어야 할지도 몰라.

아기 배는 아주 작기 때문에 조금씩 자주 먹어야 해. 아기가 우유를 자주 먹고 싶어 한다는 뜻이야. 어떤 아기들은 배고프다며 응애응애 울기도 해. 손을 쪽쪽 빨거나 입술을 달싹이면서 신호를 보내는 아기도 있어.

아기는 아직도 조심조심 보살펴야 하기 때문에 얼마 동안 엄마가 가까이에서 챙겨야 해. 아기는 내내 쿨쿨 잠을 자다가 젖을 먹거나 기저귀를 갈 때 잠에서 깰 거야.

탯줄이 달려 있던 곳은 금세 아물어서 배꼽이 돼. 배꼽은 아기가 엄마의 자궁에서 자랐다는 영원한 표시야. 자궁은 유전자 정보가 다 들어 있는 자그마한 난자가 처음 도착하여 한 생명이 태어날 때까지 머문 곳이지. 생명은 이렇게 놀라워!

좀 더 자세히 알고 싶다면……

생명의 시작

아주 자그마한 난자가 엄마 배 속의 '난소'라는 작은 주머니에서 매달 하나씩 나와. 이 작은 난자는 난소에서 나와 '나팔관'이라는 곳으로 이동하는데, 그곳에서 아빠한테서 온 씨앗인 정자를 만나지. 난자가 정자를 만나 수정이 되면, 이때 새로운 인간의 생명이 시작되는 거야!

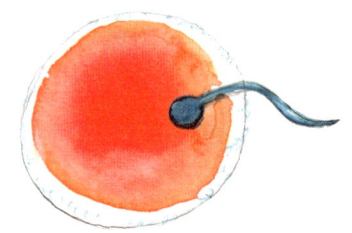

1개월

정자와 만나 수정이 된 난자를 '수정란'이라고 부르는데, 계속 세포 분열을 하며 나팔관을 통과해. 수정란은 아주 작은 세포 덩어리가 되어서 태아의 전 단계인 '배아'가 되지. 수정란은 아주 작지만 그 안에는 인간이 될 모든 유전자 정보가 들어 있어. 약 1주 정도 지나면, 수정란은 마침내 자궁에 도착해. 엄마 배 속의 자궁은 둥그스름한 배 모양으로 생겼는데, 수정란을 보호해 주는 아기집이야. 수정란은 자궁의 부드러운 안쪽 벽에 달라붙어. 이 과정을 '착상'이라고 해.

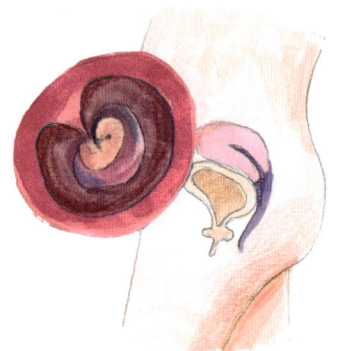

2개월

엄마의 자궁은 배아가 자라는 경이로운 장소야. 배아는 '양막'이라고 부르는 액체 주머니 안에서 둥둥 떠다니지. 이 양막은 배아를 따뜻하게 유지해 주고 충격이나 충돌로부터 안전하게 보호해 줘. 또 자궁은 탯줄을 통해 영양분과 산소를 공급해서 아기의 성장을 도와 줘. 이 탯줄은 '태반'과 연결되어 있어. 태반은 혈액 공급으로 엄마 몸에서 아기 몸으로 영양분과 산소를 전해 주는 기관일 뿐만 아니라 아기 핏속의 불순물도 제거해 준단다.

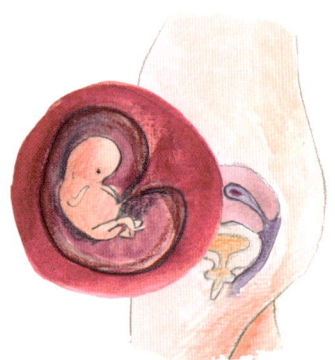

3개월

아기는 이제 '태아'가 되었어. 얼굴은 훨씬 사람처럼 보이고, 귀는 거의 제 위치인 머리 옆쪽 있어. 팔다리에 뼈가 만들어지고, 손가락하고 발가락도 생겨나기 시작해. 자신만의 지문도 생겨나지! 3개월이 지나면 신체 주요 기관이 자리를 잡고 아기의 기초적인 발육도 마무리 돼.

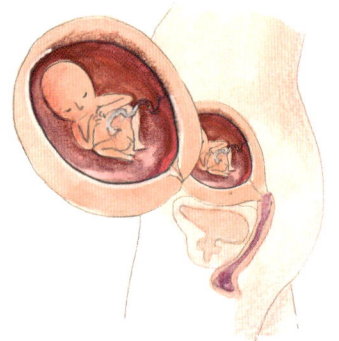

4개월

아기의 몸은 머리에 비해서 점점 더 크게 자라고 있어. 다리가 팔보다 더 길게 자라고 있지. 그래서 사람 형태와 비슷한 균형을 갖추게 돼. 머리카락, 손톱, 눈썹도 자라기 시작해. 귀도 제자리에 오고, 눈은 머리 옆에서 얼굴 앞으로 이동해. 여전히 눈을 감고 있지만, 감각은 빨리 자라고 있지. 잇몸 안에 이도 다 만들어져서 태어나면 이도 곧 날 거야. 삼키거나 빠는 운동을 무척 많이 연습하는데, 태어나면 처음으로 입에 닿은 걸 빨아 먹으려고 할 거야.

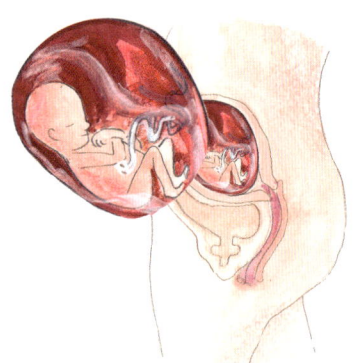

5개월

아기의 몸은 이제 미끌미끌한 것으로 덮여 있는데, 이 하얀 물질의 이름이 '태지'야. 태지는 태아의 몸 표면을 싸고 있는 지방 같은 회백색 물질이야. 양수 안에서 아기 피부가 건조해지지 않도록 보호해 줘. 또 아기 몸은 부드러운 솜털로 덮여 있는데, 이 솜털은 나중에 없어져. 이쯤 되면 아기의 생식기가 밖으로 나타나서 의사 선생님은 초음파 기계로 딸인지 아들인지 확인할 수 있어.

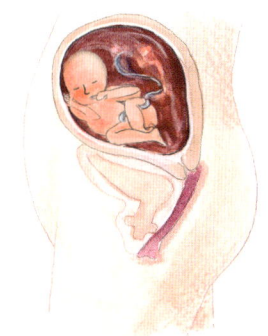

6개월

아기의 눈꺼풀이 갈라지기 시작하면 아기는 짧은 시간 동안 눈을 뜨기 시작할 거야. 지금까지 콧구멍이 막혀 있었는데, 콧구멍도 뚫리기 시작해서 양수를 들이마시기 시작해. 태어나는 순간부터 진짜 공기를 들이마실 수 있도록 작은 폐를 훈련하는 거지. 여자아이들에게는 이때가 아주 중요한 시기야. 6개월이 되면 어른이 되어 아기를 낳을 수 있도록 여자아이들에게 난자를 공급하는 자궁과 난소가 생겨 나거든.

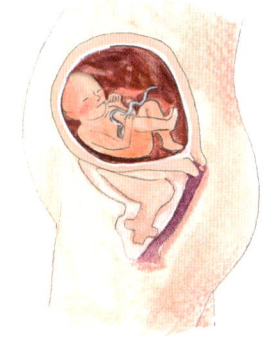

7개월

이쯤 되면 아기는 오감을 모두 사용해. 눈을 떴다 감았다 할 수 있고, 눈으로 볼 수도 있어. 만질 수도 있고, 자궁 밖에서 나는 소리를 들을 수도 있지. 엄마가 먹는 다양한 음식에 반응도 할 수 있는걸. 이제 지방층이 아기를 따뜻하게 유지해 주기 때문에, 아기를 감싸고 있던 솜털은 더 이상 필요 없어. 그래서 양수 안으로 떨어져 나가지. 아기가 양수를 들이마시기 때문에, 떨어져 나간 이 솜털의 일부도 아기 창자로 들어가. 창자에서는 아기가 처음으로 눌 똥을 만들어. 똥은 아기가 태어나고 나서 밖으로 나올 거야.

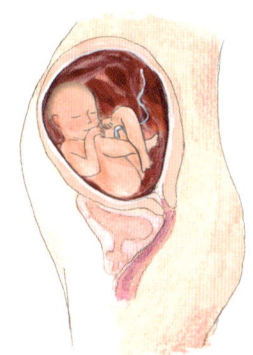

8개월

자궁 안쪽이 아주 좁기 때문에 아기는 몸을 웅크리고 있어. 지금쯤 되면 아기들 대부분은 엄마 배 속에서 머리를 아래로 두고 있어. 이 자세가 태어날 때 가장 좋거든. 그렇지만 어떤 아기들은 여전히 머리를 위로, 발을 아래로 두고 있는데 이것을 '아기가 거꾸로 있다'고 해. 남은 몇 주 동안 위치를 바꿀 수도 있지만 꽤 어려울 거야. 이 시기가 되면 아기는 하루의 90퍼센트에서 95퍼센트를 자는 데 시간을 보내! 깊고 편안한 잠을 자는 아기도 있고, 어떤 아기들은 꿈을 꾸면서 활발하게 움직이기도 해.

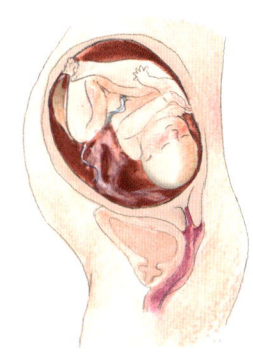

9개월~10개월

아기가 세상에 나올 때가 되면 엄마는 '산통' 또는 '진통'이라는 과정을 거칠 거야. 자궁에 있는 근육이 조였다가 풀렸다가를 계속 반복해. 진통은 점점 더 강해져서 '산도'를 통해 아기를 내보내. 이제 아기는 처음으로 공기를 들이쉬고 울음을 터트릴 거야. 아기가 태어난 뒤에도 엄마는 진통을 좀 더 하면서 태반을 밖으로 밀어 내. 이게 바로 출산의 마지막 단계야!

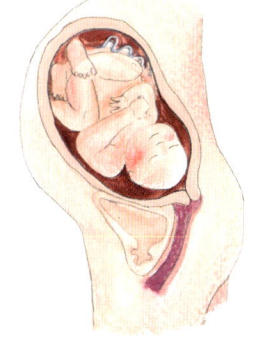

탄생

갓 태어난 아기는 쪼글쪼글한 피부에 꾹 눌린 귀, 그리고 산도를 통과하느라 찌그러진 머리를 가지고 있어. 머리 위쪽의 말랑말랑한 부분이 아기의 '숫구멍'인데 '숨구멍'이라고도 불러. 머리뼈 사이의 작은 공간으로 숨이 드나든다고 해서 붙여진 별명이야. 숫구멍이 완전히 닫히는 만 한 살에서 한 살 반 정도 까지는 이 부분을 세게 누르면 안 돼.

엄마의 놀라운 열 달

펴낸날	초판 1쇄 2018년 6월 29일
	초판 2쇄 2021년 5월 3일

지은이	코트니 아다모 · 에스더 반 드 팔
그린이	리지 스튜어트
옮긴이	김선희
펴낸이	심만수
펴낸곳	(주)살림출판사
출판등록	1989년 11월 1일 제9-210호

주소	경기도 파주시 광인사길 30
전화	031-955-1350 팩스 031-624-1356
홈페이지	http://www.sallimbooks.com
이메일	book@sallimbooks.com

ISBN	978-89-522-7364-2 77510

살림어린이는 (주)살림출판사의 어린이 브랜드입니다.

※ 값은 뒤표지에 있습니다.
※ 잘못 만들어진 책은 구입하신 서점에서 바꾸어 드립니다.

이 도서의 국립중앙도서관 출판시도서목록(CIP)은 서지정보유통지원시스템 홈페이지
(http://seoji.nl.go.kr)와 국가자료공동목록시스템(http://www.nl.go.kr/kolisnet)에서
이용하실 수 있습니다.(CIP제어번호: CIP2018017829)

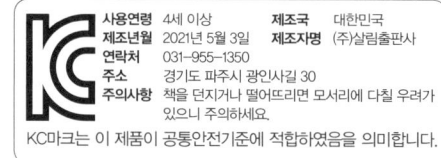